D1877584

देश-गीत

देश–गीत

[राष्ट्रपरक गीतों का संकलन]

सम्पादक

डॉ. माणिक मृगेश

वाणी प्रकाशन

वाणी प्रकाशन
4695, 21-ए, दरियागंज, नयी दिल्ली 110 002

शाखा
अशोक राजपथ, पटना 800 004

फ़ोन : +91 11 23273167 फ़ैक्स : +91 11 23275710

www.vaniprakashan.in
vaniprakashan@gmail.com
sales@vaniprakashan.in

DESH-GEET
edited by Dr. Manik Mrigesh

ISBN : 978-93-5000-498-2
Poems

© 2017 डॉ. माणिक मृगेश

प्रथम संस्करण
मूल्य : ₹ 250

इस पुस्तक के किसी भी अंश को किसी भी माध्यम में प्रयोग करने के लिए प्रकाशक से लिखित अनुमति लेना अनिवार्य है।

सिटी प्रेस, दिल्ली-110 095 में मुद्रित

वाणी प्रकाशन का लोगो मक़बूल फ़िदा हुसेन की कूची से

भूमिका

आज भारत विकासशील राष्ट्रों में निरन्तर प्रगति करते हुए अग्रणी भूमिका में आ गया है। पूरे विश्व की निगाहें भारत पर हैं। विदेशी कंपनियाँ भी तेज़ी से भारत में निवेश कर रही हैं। देश की स्थिति आर्थिक तौर पर सुधरी है। कुछ ही लोगों का सही लेकिन जीवन स्तर सुधरा है। हर क्षेत्र में भारत ने विश्व स्तर पर एक साख बनाई है। ऐसे में कुछ विकसित व कुछ विकासशील राष्ट्र भारत से ईर्ष्या करने लगे हैं। फलस्वरूप वे देश के अन्दर विद्यमान कुछ अलगाववादी, आतंकवादी व राष्ट्र विरोधी ताकतों को हवा दे रहे हैं। इसलिए भारत को बाह्य व अन्तः दोनों पक्षों से खतरा है। देश आजादी के लगभग सत्तर वर्ष बाद भी जातिवाद, धर्मवाद व कौमवाद से जूझ रहा है। जाति के नाम पर आए दिन कमजोर वर्गों के साथ ज्यादतियाँ होती रहती हैं। धर्म के नाम पर झगड़े आए दिन की बात हो गये हैं। पाखंड व अंधविश्वास तेज़ी से पनप रहे हैं। ऐसे में देशभक्ति का जुनून पैदा करना समसामयिक प्रसंग है। प्रस्तुत संकलन इन्हीं सब पक्षों को दृष्टिगत रखते हुए ही तैयार किया गया है। राष्ट्र में, जल, थल, नभ से लेकर लोकसंस्कृति, परिधान, गीत, संगीत आदि का समावेश होता है। इस संकलन के गीतों में इन सभी तत्वों को समाहित किया गया है। सभी गीत गेय हैं। भाषा सरल व सुबोध है। सभी गीत अभिधा में लिखे गये हैं। जहाँ महापुरुषों के चरित्र का शब्दांकन करना होता है वहाँ शिल्प बिल्कुल इतिवृत्तात्मक है। कुछ गीतों के कैसेट भी निकल चुके हैं। राष्ट्रीय पर्वों—खासकर पन्द्रह अगस्त, छब्बीस जनवरी, गांधी जयंती, चाचा नेहरू, बाबा साहेब अंबेडकर से अनुप्रेरित गीत भी हैं। ऐसे गीतों का अभाव रहा है। यह संकलन इस अभाव की पूर्ति करेगा।

संकलन के सभी कवि पहले से ख्याति प्राप्त हैं। कुछेक के स्वतन्त्र संकलन प्रकाशित भी हो चुके हैं। इनमें से कुछ राष्ट्रीय मंचों पर नाम कमा चुके हैं।

मुझे आशा है कि संकलन विद्यार्थियों, अध्यापकों व लोकसंस्कृति से जुड़े संगठनों के लिए उपयोगी साबित होगा।

—माणिक मृगेश

अनुक्रम

डॉ. माणिक मृगेश

पिताश्री : स्वर्गीय गणपतिलाल

जन्मस्थान : अलीगढ़ (उ.प्र.)

जन्म तिथि : 1 सितम्बर, 1952

योग्यताएँ : एम.फिल., पीएच.डी. (हिन्दी भाषा विज्ञान), एल.एल.बी.

अनुभव : उ.प्र. विद्युत परिषद, आई.डी.बी.आई., एच.सी.आई. (एअर इंडिया) सिंडीकेट बैंक तथा उ.प्र. में बीडीओ के लिए चयनित (1984)

मान-सम्मान : दैनिक समाचार पत्रों की भाषा पर सूचना व प्रसारण मंत्रालय द्वारा भारतेन्दु मान पुरस्कार से 1988 में सम्मानित

कृतियाँ : राजभाषा विविधा, समाचार पत्रों की भाषा, भूमंडलीकरण, निजीकरण व हिन्दी, हास्य व्यंग्य के रंग एवं तोल-तोल के बोल तथा यथार्थ

लेखन : पत्र-पत्रिकाओं में लेखन तथा दूरदर्शन व आकाशवाणी तथा कवि सम्मेलनों में काव्य पाठ

संपादन : राजभाषिका, उपक्रम भारती, सर्जना, अभिधा

स्तंभ लेखन : गुजराती बोल (हिंदी साप्ताहिक)

सम्प्रति : वरिष्ठ प्रशासन प्रबंधक, इंडियन ऑयल कॉर्पोरेशन लिमिटेड

संपर्क : 'मृगेशायन', 22बी., मनोरथ सोसाइटी, न्यू समा रोड, वडोदरा-8

हिन्दी गीत

हिन्दी भाषा - देशज भाषा,
निज भाषा अपनाएँ।
खुद ऊँचा उठें, राष्ट्र को भी–
ऊँचा ले जाएँ ॥

निज भाषा में हो अभिव्यक्ति, सच्ची और अनूठी।
निज भाषा में गुरुजन देते, हैं विद्या की बूटी ॥
निज भाषा में बाल बालिका,
जल्दी शिक्षा पाएँ ॥

निज भाषा में मनन करें और निज भाषा में चिंतन।
प्रगति के पथ पर उतनी ही, चढ़ें सीढ़ियाँ निश दिन ॥
निज भाषा से मिले प्रतिष्ठा–
ऋषि जन यही बताएँ ॥

हिन्दी है वह भाषा जिसने, आजादी दिलवाई।
पूरब-पश्चिम, उत्तर-दक्षिण, समरसता बरसाई ॥
सरल सहज और प्रेम की भाषा–
जनगण मंगल गाएँ ॥

बहुत बड़े भाग की भाषा, बहुत बड़ा परिवार।
इसके अपनाने से पहुँचे, चहुँदिशि में व्यापार ॥

देश-विदेशी मल्टीनेशनल,
सब इसको अपनाएँ ॥
हिन्दी भाषा - देशज भाषा,
निज भाषा अपनाएँ ॥

पन्द्रह अगस्त

आया आजादी का पर्व,
नमन वीरों को करते हैं
नमन धीरों को करते हैं

जिनके उत्सर्गों से देखा,
हमने यह शुभ दिन है
वीर प्रसूता माताओं का,
शत-शत वंदन है
अर्पित श्रद्धासुमन,
हृदय अभिनन्दन करते हैं।

आजादी के मायने जाने,
चरखा खादी है
तिलक, बोस, पटेल,
महात्मा मोहन गांधी है
लक्ष्मीबाई, भगतसिंह, तात्या का
मन-वंदन करते हैं।

तीन रंग का ध्वज हमने
राष्ट्र ध्वज अपनाया
जन गण मंगल दायक जय हे,
राष्ट्र गान मन भाया
हिन्दी बनी राष्ट्र की भाषा,
जन मन गुंजन करते हैं।

सीमाओं पर आज विदेशी,
घात लगाए हैं
घर के भेदी भी कुछ उनसे,
हाथ मिलाए हैं
चूर करें दुस्साहस
मिल मंथन करते हैं।

आजादी तो मिली मगर,
समरसता बाकी है
धर्म जाति भाषा पर करते,
खींचातानी है
हर भूखे को अन्न, हाथ को काम
अर्चना ऐसी करते हैं।

मुक्ति पर्व मनाएँ

मुक्ति पर्व मनाएँ।
प्राणाहुति दे मुक्त कराया
उनको शीश नवाएँ॥

भगत सिंह, सुखदेव, राजगुरु,
हँसते फाँसी झूले।
मातृभूमि की रक्षा के हित,
अपना सब कुछ भूले ॥

राष्ट्र ध्वज के नीचे आकर,
उनको पुष्प चढ़ाएँ।

राणा प्रताप, शमशेर, शिवाजी,
झूली झाँसी रानी।
तात्या टोपे मंगलपांडे,
लिख गए अमर कहानी ॥

वीर हहीद की कुर्बानी को
श्रद्धा सुमन चढ़ाएँ॥

बहुभाषा बहुधर्मी हम हैं,
अपनी एक ही टेक।
दृढ़ हिमालय सा अडिग है,
अपना भारत एक ॥

सबसे प्यारा देश हमारा,
जनगण मंगल गाएँ।
मुक्ति पर्व मनाएँ ॥

आओ गणतन्त्र मनाएँ

आओ साथियो
आओ दोस्तो
आओ बहनो
मिल गणतन्त्र मनाएँ

जो हो गए कुर्बान देश पर–
उनको शीश झुकाएँ
आओ गणतन्त्र मनाएँ

आजादी का मतलब हमको, ठीक-ठीक बतलाया
जीना है तो मरना सीखो, हमको पाठ पढ़ाया
हाथ में थाम मशाल क्रान्ति की, जिनने हमें जगाया
आजादी दिलवा दी आखिर–
कटा के शीश-भुजाएँ
उनको सुमन चढ़ाएँ

आजादी मिल गई परन्तु, बढ़ गई जिम्मेदारी
तन से मन से और यतन से इसकी, अब करनी है रखवारी
आँख गढ़ाए देख रहा है, दुश्मन अत्याचारी
उसकी भाषा में ही उसको–
संदेशा भिजवाएँ

नहीं झुके हैं नहीं झुकेंगे–
चाहे सर कट जाएँ
मिल गणतन्त्र मनाएँ

कभी न झुकने पाए अपना, यह प्यारा तिरंगा
सागर की लहरों में फहरे, फहरे कंचन जंगा
सतलज कावेरी नर्मदा, फहरे पावन गंगा
हरी-भरी रहे हिंद वाटिका—
मिलकर मंगल गाएँ

आओ किसानो आओ जवानो-आओ साथियो
मिल गणतन्त्र मनाएँ
जो हो गए कुर्बान देश पर,
उनको शीश झुकाएँ

छब्बीस जनवरी

आई है छब्बीस जनवरी, फिर से मन हरषाने।
नई उमंगें, नई तरंगें, नव संकल्प जगाने ॥

संविधान का दिवस आज का, उन सबको नमन करें।
होम हो गए देश की खातिर, अर्पित सुमन करें ॥
अमर रहे गणतंत्र हमारा, अमर रहें दीवाने ॥

सर्दी, गर्मी, बरखा रानी, सौरभ भरी हवाएँ।
सागर चरण पखारे एवं, पर्वत शीश नवाएँ ॥
ऋषियों की पावन धरती, अखिल विश्व यह माने ॥

कर्णाटक संगीत मधुरता, कत्थक सबको सोहे।
होली, कजरी, गरबा-लावणी, गिद्दा मन को मोहे ॥
रवीन्द्र का संगीत यहाँ पर, और भी बहुत घराने ॥

अलग-अलग भाषाएँ अपनी, अलग-अलग परिवेश।
जाति धर्म और प्रांत अलग पर, भारत सबका देश ॥
सब मिल इसे बनाएँ उन्नत, सपने होंय सुहाने ॥

मेरा भारत देश महान

मेरे भारत देश महान।
शत-शत अर्पण तुझे प्रणाम ॥

जन्मे वाल्मीकि से ज्ञानी
राजा हरिश्चन्द्र से दानी
मीरा जन्मी प्रेम दिवानी।
कबिरा कह गए सच्ची बानी।

बोधा घनानन्द रसखान।
मेरे भारत देश महान।

तेरे अन्दर पंथ हजारों
सबकौ तू ही पालनहारौ
कोई पूजै वंशी वारौ
कोई टेके नित गुरुद्वारौ

कोई मसजिद पढ़े अजान।
मेरे भारत देश महान।

जन्मे बड़े बड़े रणधीर।
चलाई डट डट के शमशीर।
गुलामी की काटी जंजीर।
तिरंगा लहराया प्राचीर।

मार दिए अंग्रेजों के मान।
मेरे भारत देश महान।

भारत देश

अजब-अनूठा देश हमारा, आओ मंगलगान करें।
इसकी माटी के कण कण का, हृदय से सम्मान करें।

मनीषियों का देश हमारा, अतुल ज्ञान का भंडारा
सत्य अहिंसा और प्रेम का जन-जन को दिया नारा
गौतम, बुद्ध, महावीर स्वामी, गांधी का गुणगान करें।

सूर-कबीर दास तुलसी ने, भक्ति भावना पनपाई,
प्रेम की खातिर हाला पीकर, अमर हुईं मीरा बाई,
एल्लोरा, सुब्रमणियम भारती, सरोजिनी का मान करें।

कावेरी गोदावरी नर्मदा, गंगा जमुना मन मोहें,
कन्या कुमारी का तट शीतल, मुकुट हिमालय का सोहे,
बहु धर्मों का तीरथस्थल मिलकर सब उत्थान करें।

रहे तिरंगा ऊँचा हर दिन, मन की यह अभिलाषा है,
सबको भावे, गले लगावे हिन्दी सबकी भाषा है,
जयहिन्द क्रान्ति के नारे पर बारंबार अभिमान करें।

अजब अनूठा देश हमारा, आओ मंगलगान करें,
इसकी माटी के कण-कण का हृदय से सम्मान करें।

अलबेला भगत–भगत सिंह

भगत सिंह सा अजब अनूठा, ना जन्मा कोई दूजा।
कर्म ही जिसक़ा धर्म था, कर्म ही जिसकी पूजा ॥

वीर-धीर बहुतेरे जन्मे, जन्मे ज्ञानी-ध्यानी,
भगत सिंह सा बुद्धिजीवी, ना जन्मा नासानी।
नास्तिक रहते हुए आस्तिक राष्ट्र की खातिर जूझा ॥

राष्ट्र प्रेम की खातिर बंदा, अपना सब कुछ भूला,
राजगुरु सुखदेव साथ में, हँसते फाँसी झूला।
अल्पायु में उस पगले को, बड़ा त्याग था सूझा ॥

वसनहीन न रहे देश में, न कोई भूखा नंगा,
चारों तरफ रहे खुशहाली, हर नागरिक हो चंगा।
सब इनसान समान-निम्न न कोई जग में ऊँचा ॥

उस अलबेले राष्ट्र भक्त को आओ नमन करें,
उसके आदर्शों पर भैया, कुछ तो मनन करें।
अमर रहे भगत सिंह जग में, भारत वीर सपूता ॥

बापू को प्रणाम हमारा

बापू को प्रणाम हमारा,
सत्य अहिंसा और प्रेम का,
दिया देश को नारा

कर्म ही भक्ति, कर्म ही शक्ति, कर्म ही पावन पूजा
इससे बढ़कर भूमंडल पर, धर्म नहीं है दूजा
हर मुश्किल आसान कर्म से
गांधी ने उच्चारा।

स्वर्ग नर्क सब यहीं होता,
कर ले बंदे नेकी,
स्वारथ के चक्कर में मत पड़,
नाहक देखा-देखी।
जितना सम्भव बंदे होवे,
बढ़ा ले भाई चारा

हर बात को परख कसौटी,
सत्य तुला पर तोलो
बुरा न सोचो, बुरा न देखो,
और बुरा न बोलो,
सदा रहेगा जीवन सुखमय
महात्मा ने उच्चारा
राष्ट्र भाषा, राष्ट्र गान,
और राष्ट्र ध्वज प्यारा

खादी का हर रेशा-रेशा–
था बापू को प्यारा
राष्ट्र भाषा का देश में,
खूब किया प्रचारा
बापू को प्रणाम हमारा।

चाचा नेहरू

आया बाल दिवस का पर्व,
नमन चाचा को करते हैं,
नव भारत के निर्माता का
वंदन चंदन करते हैं।

जिनके प्रयासों से देश में, नव उद्योग खुले,
गरीबों को काम मिला, कृषकों के खेत खिले
उत्पादन बढ़ा देश का,
कल-कल स्पंदन करते हैं ॥

बच्चे हैं आधार देश के, ऐसा पाठ पढ़ाया,
हर बच्चे को शिक्षा, पहला धर्म बताया
ऐसे प्यारे चाचा का,
मन गुंजन करते हैं ॥

प्रकृति के चाचा जी, थे बहुत रखवारे
फूल गुलाब तो चाचा को थे, बहुत ही प्यारे
ऐसे महापुरुष का मिल
अभिनन्दन करते हैं ॥

जाति धर्म और भेदभाव का उन्मूलन करवाया
प्रगतिशील भारत का सपना, साकार कराया
कर्म ही पूजा, मंत्र हमारा
अनुगुंजन करते हैं ॥

लाल बहादुर शास्त्री

लाल बहादुर शास्त्री को
सादर नमन हमारा,
जय जवान, जय किसान का,
दिया देश को नारा।

लाल बहादुर के बारे में, सुनो बात यह साँची।
ईमान और शास्त्री थे बिलकुल पर्यायवाची... ॥
छोटे कद के शास्त्री जी को,
जान गया जग सारा।

कर्मशीलता का परिचय, यूँ इक दिन हमें दिया,
धनाभाव में तैर कर दरिया पार किया
पहुँचा स्कूल लाद कर बस्ता, बालक था बेचारा।

सन पैंसठ का युद्ध पाक ने की गद्दारी
समझौते पर हस्ताक्षर, बन गई थी लाचारी
ताशकंद में ही लाल बहादुर,
हुआ देश को प्यारा।

काया से न कबहु आदमी बड़ा न होता छोटा
जिसका बड़ा है दिल बस्ती का खुदा वही है होता
शास्त्री जी ऐसे ही मानव थे,
ऐसा मंतव्य हमारा।

भारत रत्न डॉ. भीमराव अंबेडकर

भारत रत्न बाबा साहेब को,
नमन हमारा है
जिसकी बाती से आलोकित,
देश हमारा है।

देश विदेश के संविधान, बाबा ने खूब पढ़े,
तब भारत के संविधान के अनुपम सूत्र गढ़े।
हर नागरिक को, हर मुश्किल में
देत सहारा है।

संविधान में बाबा ऐसी, नहीं व्यवस्था करते
काहे को नीचे तबके के, बाल कलेक्टर बनते
दलित बना राष्ट्र का मुखिया,
जाने जग सारा है।

पिछड़ों, महिलाओं को भी भारी शक्ति दी
लिखने की, पढ़ने की, वाणी की अभिव्यक्ति दी
नारी बनी प्रधान, हुआ जग नाम हमारा है।

बाबा ने जो सूत्र बताए, उन पर अमल करें
शिक्षित बनें, संगठित होवें और संघर्ष करें,
पग-पग पर मिले सफलता, कल हमारा है।

प्रकृति-गीत

प्रकृति है सहचरी हमारी।
आदिकाल से करती आई,
हम सबकी रखवारी ॥

निज स्वारथ में वृक्ष हैं काटे।
प्रदूषण कर रोग हैं बाँटे ॥
अपनी ही पैरों में हमने,
रोज कुल्हाड़ी मारी॥

वृक्ष नहीं तो, मेघ न बरसें।
जलचर, थलचर, नभचर तरसें ॥
बालक बूढ़े युवा जानवर,
तरसे दुनिया सारी ॥

आओ मिल सब वृक्ष लगाएँ।
भावी संतति को हरषाएँ॥
राष्ट्र प्रगति की खातिर अपनी,
पूरें जिम्मेदारी॥

जल का रोज अपव्यय रोकें।
बूँद-बूँद कर सागर जोड़ें ॥
चारों तरफ होय खुशहाली,
मिट जाएँ बीमारी ॥

नारी-वन्दन

नारी शक्ति अद्भुत शक्ति, दिया ज्ञान उजियारा।
इसकी बाती से आलोकित, पूरा जगत हमारा॥

नारी प्रकृति की, अनुपम कृति है।
सरल सहज कोमलता, जन्मजात प्रवृत्ति है॥
इससे जन्मी नियति, जन्मा है जग सारा।
इसकी बीती से आलोकित, चंदा सूरज तारा॥

नित नूतन अन्वेषण, ना होतीं खोजें भारी।
नहीं पहुँचता मानव चंदा, यदि ना होती नारी॥
नारी से नारायण, जन्मा-नारी से ध्रुव तारा।
इसकी बाती से आलोकित, चंदा सूरज तारा॥

पति-पत्नी जीवन गाड़ी के, दो टिकाऊ पहिए।
प्रेम का स्नेहक इसमें, निश-दिन रहना चहिए॥
प्रगति पथ पर बढ़े निरन्तर, विश्वास बने आधारा।
नारी शक्ति अद्भुत शक्ति, दिया ज्ञान उजियारा॥

श्रम शृंगार हमारा है

हम श्रमजीवी, श्रम शृंगार हमारा है

श्रम कर्म, श्रम धर्म हमारा, श्रम ही अपनी पूजा
नव निर्माण लक्ष्य है अपना, इससे इतर न दूजा
हम पीड़ा के घोर उपासक, प्रकृति मात्र सहारा है।

झंझावातों से जूझना हमने सीखा है
काँटों के दुर्गम पथ पर हँस चलना सीखा है
ये राजपथ, ये राजभवन निर्माण हमारा है।

राष्ट्र धर्म को मन से हमने कभी न त्यागा है
मजदूरी के सिवा कभी ना कुछ भी माँगा है
फिर भी हमको सभ्य समाज ने चिर दुत्कारा है।

होली गीत

आयौ होली कौ त्योहार, पवन में मस्ती छाई रे,
मस्ती छाई रे, गगन में मस्ती छाई रे ॥
तन-मन सब हुए बसंती, ऋतु हरषाई रे ॥

धरती हुई गंधमय सारी, कालियाँ बौराई
अंग-अंग में भरी ताजगी, बिरहन सरसाई
वन, उपवन बौराए, कोकिला-कूक सुनाई रे ॥

अजब अनूठा खट्ठा-मीठा, होली का त्योहार
पूरब-पश्चिम, उत्तर-दक्खिन, सब जग में प्रसार
राजा रंक का भेद मिटाए, सभी बुराई रे ॥

बूढ़े-बड़े युवा नर-नारी, झूमे मस्ती में।
अबीर गुलाल मलें मुख मंडल, बस्ती बस्ती में ॥
गाएँ-बजाएँ, खाएँ पीएँ सब ठंडाई रे ॥

पूरे जग में होरी होवे, ब्रज में होय होरा
साठ बरस का बूढ़ा भी यहाँ, बन जावे छोरा
नारी-राधा लगे, पुरुष हर-कृष्ण कन्हाई रे ॥

किशोर कुमार कौशल

जन्म : 10 मई, 1961

शिक्षा : हिन्दी में स्नातकोत्तर, पत्रकारिता में डिप्लोमा

पता : गाँव-डाकघर—फतेहपुर बिल्लोच, जिला—फरीदाबाद, हरियाणा-121004

उपलब्धियाँ :

1. गण्यमान्य कवियों के साथ अनेक गोष्ठियों एवं कवि-सम्मेलनों में काव्य पाठ।
2. दूरदर्शन से प्रसारित बाल धारावाहिक 'नन्हे शैतान' के लिए गीत एवं संवाद-लेखन तथा 'कविता-कामिनी' धारावाहिक में काव्य-पाठ।
3. आकाशवाणी, दिल्ली से कई बार काव्य-पाठ। विभिन्न पत्र-पत्रिकाओं में लेख, कविताएँ, बालगीत व पहेलियाँ प्रकाशित।
4. 'अँधेरों के खिलाफ़', 'शत शत प्रणाम मेरा', 'कवियों की शायरी' व 'हास्य कवियों की व्यंग्य बौछार' काव्य-संग्रहों में रचनाएँ प्रकाशित।

प्रकाशित रचनाएँ

1. मिट्टी की पुकार (काव्य संग्रह)
2. हरियाणवी ब्रज के मेघ-मल्हार (अनूदित)
3. धुन्नक धुन (बालगीत)

सम्प्रति : एस.टी.सी. में उपप्रबन्धक (राजभाषा) के पद पर कार्यरत।

हमारा भारत

हमारा ऐसा भारत देश,
जहाँ सादगी में लोगों का मैला मैला वेश
हमारा ऐसा भारत देश

जहाँ धरा को सींच रही हैं ब्रह्मपुत्र और गंगा
और हिमालय से भी ऊँचा फहरे जहाँ तिरंगा
पहरेदार खड़े सीमा पर रक्षा करें दिगेश
हमारा ऐसा भारत देश

ऋषियों की उर्वर धरती यह यज्ञ हवन से पावन
सन्तों की है कर्मभूमि अवतारों की मनभावन
राम कृष्ण दुर्गा के संग संग पुजते जहाँ गणेश
हमारा ऐसा भारत देश

सन सन सन सन चले झूमती बहे पवन पुरवाई
जहाँ आज भी होती है बेटी की करुण विदाई
युगों युगों से प्यास बुझाते हैं इसकी वरुणेश
हमारा ऐसा भारत देश

छह ऋतुओं का सुन्दर मेला ले पर्वों की माला
सबसे पहले सूरज आ फैलाता धवल उजाला
और रात में तारों के संग दूल्हा हैं राकेश
हमारा ऐसा भारत देश

उस देश की बात निराली...

उस देश की बात निराली
जन जन के मुखड़ों पर चमके जिसकी गौरव-लाली

नित्य सवेरे पूरब के माथे पर खिलती रोली
तोता मैना गौरैया मिल बोलें मीठी बोली
गाती कोयल काली
उस देश की बात निराली

इठलाते धन-धान्य उगाते खेत और खलिहान
मेहनत से गढ़ते हैं जिसको नित मजदूर किसान
मन में है खुशहाली
उस देश की बात निराली

आशा और उल्लास भरे आते कितने त्योहार
मस्ती भर जाती जीवन में रीतों की झंकार
छह ऋतुएँ मतवाली
उस देश की बात निराली

ज्ञान और विज्ञान खेल में बढ़ा रहा निज पाँव
शहरों के संग आगे बढ़ते छोटे-छोटे गाँव
घर-घर है दीवाली
उस देश की बात निराली

महकता चंदन मेरा देश

महकता चंदन मेरा देश
सारे जग का करे सदा अभिनन्दन मेरा देश

केसर कस्तूरी चंदन की घाटी वही रही
गौरी और सिकन्दर की परिपाटी वही रही
कितनी बार बिखेरी फिर भी माटी वही रही

भाव का बंधन मेरा देश

जहाँ राम ने पिता-वचन से वन में वास किया
जहाँ कृष्ण ने प्रेम-ज्ञान का दिव्य उजास दिया
जहाँ भीष्म ने ब्रह्मचर्य का नव उल्लास दिया

प्रेम का वंदन मेरा देश

इन्द्रधनुष के रंग यहाँ के जीवन में मिलते
गेंदा जुही गुलाब चमेली उपवन में खिलते
सन्तों के शुभ वचन निराले जन-मन में मिलते

ज्ञान का अंजन मेरा देश

नारियों से यह देश महान

नारियों से यह देश महान
मातृभूमि पर बेटे की बलिदानी पन्ना माता
जिनके अतुल त्याग के आगे सबका सिर झुक जाता
स्वाभिमान की आन,
नारियों से यह देश महान

वीर शिवाजी बने मिली जब माता जीजाबाई
कस्तूरबा ने गांधी जी के संग-संग लड़ी लड़ाई
आजादी का गान,
नारियों से यह देश महान

लक्ष्मीबाई संग गोरों से लड़ी जहाँ झलकारी
हिमगिरि पर सन्तोष, बछेन्द्री चढ़कर जब हुंकारी
वीरों की सन्तान,
नारियों से यह देश महान

मदर टेरेसा कोढ़ी और अनाथों की महतारी
लता, सुरैया के सुर पर सारी दुनिया बलिहारी
धरती का अभिमान,
नारियों से यह देश महान

सरोजिनी अमृता महादेवी और मीराबाई
इंदिरा गांधी ने विकास की चौमुख ज्योति जलाई
किरण पुलिस कप्तान,

नारियों से यह देश महान

नहीं आज विज्ञान-ज्ञान में भारत का कुछ सानी
बनी कल्पना और सुनीता अंतरिक्ष की रानी
ऊँची भरी उड़ान,
नारियों से यह देश महान

गीत

कहो है किसमें इतना दम
झुका दे जो अपना परचम

आज का ज्ञान और विज्ञान
नहीं हमसे अब रहा अजान
कराते वैज्ञानिक यह भान
विज्ञान है जीवन का वरदान
प्रगति के पथ पर अपने दम
बढ़ाता भारत नित्य कदम

महकते जग में अपने गीत
गूँजता मानस में संगीत
यहीं हैं कृष्ण-सुदामा मीत
यहीं राधा की पावन प्रीत
रहे पहले भी हम उत्तम
आज भी नहीं किसी से कम

आज भी हैं जन-जन में राम
निराले सन्त सुहाने धाम
मौज में इठलाती अविराम
यहाँ बहती नदियाँ निष्काम
कहीं पर बहुत कहीं पर कम
धरा उगले सोना हरदम

झील झरने पर्वत का रास
रचाता धरती पर उल्लास
विश्व में नहीं किसी के पास
हमारे सावन और मधुमास
ओस मोती जैसी चमचम
उषा में तारे ज्यों नीलम

कहाँ यह लोकगीत की तान
कहाँ ये मेघदूत के गान
कबीरा तुलसी की मुस्कान
कहाँ हैं सूर और रसखान
कहाँ है मीरा की सरगम
कहाँ है आँख बुद्ध की नम

जयसिंह आर्य 'जय'

नाम : जयसिंह आर्य 'जय'

पिता : स्व. श्री नाहर सिंह आर्य

माता : स्व. श्रीमती प्रेमवती आर्य

जन्म : 7 अगस्त, 1954 ई., शामली, (उ.प्र.) भारत

शिक्षा : स्नातक, स्वास्थ्य निरीक्षक डिप्लोमा, मुम्बई

प्रकाशित : (गीत-संग्रह) गीत लहरी

सम्पादन : 'जय भारती' काव्य संकलन का सम्पादन सन् 1984 ई., 'काव्य गंगा' के उपसंपादक।

प्रकाशन : 'मचान', तेवरी संकलन के मुख्य तेवरीकार 'अपनी धरती अपने बोल', 'यह जो हमारा है'।

प्रसारण : आकाशवाणी एवं दूरदर्शन द्वारा देश-विदेश में कविता का योगदान राष्ट्र के अनेक कवि-सम्मेलनों में कविता पाठ, 250 कवि-सम्मेलनों का मंच-संचालन।

साहित्यिक सम्मान :

हिन्दी मासिक 'कान्तिमन्यु' द्वारा 'गीत गौरव', दिल्ली साहित्य समाज द्वारा 'साहित्य गौरव', इन्द्रप्रस्थ साहित्य भारती द्वारा 'जैनेन्द्र जैन सम्मान'।

साहित्य सेवा : सन् 1984 में 'जय भारती साहित्य संगम' के संस्थापक सदस्य, वर्तमान में 'महासचिव', अखिल भारतीय साहित्य परिषद, दिल्ली प्रदेश के 'मंत्री' (पंजीकृत); 'महासचिव' काव्य शोध संस्थान (पंजीकृत); 'महासचिव' जय भारती साहित्य संगम (पंजीकृत)।

सम्प्रति : दिल्ली नगर निगम के स्वास्थ्य विभाग में 'मलेरिया निरीक्षक'।

वर्तमान पता : एफ-12, कुँवर सिंह नगर, नांगलोई, दिल्ली-110041

माटी-गीत

आओ माँ का मान बढ़ाएँ
धरती को हम स्वर्ग बनाएँ

आँगन आँगन खुशियाँ पालें
मन से सारी पीर निकालें
अपने पन की खुशबू महके
खुशहाली की चिड़िया चहके
कर्म-धर्म यों करते जाएँ
देश भक्ति पर मरते जाएँ
विश्वासों का दीप जलाएँ
धरती को हम स्वर्ग बनाएँ

आतंकित है मानस-मानस
घर घर खेल रही है मावस
आज चुनौती बहुत बड़ी है
और व्यवस्था मौन खड़ी है
आतंकी को कैसे मारें
इस पर भी हम सोच विचारें
आओ सोए शेर जगाएँ
धरती को हम स्वर्ग बनाएँ

जननायक पैसे के भूखे
पेट मगर जनता के सूखे

दीन-धर्म से नहीं डरें ये
प्रजातंत्र का खून करें ये
कुर्सी की खातिर सब अंधे
पूछ न इनके गोरख धंधे
आओ इनको दूर भगाएँ
धरती को हम स्वर्ग बनाएँ

गीत

तुष्टीकरण की आग में जिसने देश को झोंका है
मानवता की पीठ में उसने चाकू धोंपा है

वोट बैंक की दीमक खुशहाली को चाट गई
अमन चैन के हर पौधे को जड़ से काट गई
वर्षों से सुरभित थी वो फुलवारी सूख गई
माँ के भक्तों के सपनों की क्यारी सूख गई
जननायक जन जन का द्रोही काँटे बोता है

लगभग हर जननायक ही धृतराष्ट्र सरीखा है
जो धृतराष्ट्र नहीं उसने घर भरना सीखा है
क्या आँसू क्या रक्त कणों से आँचल भीगा है
जननायक चुनने का हमको कहाँ सलीका है
हम सोचें किनके हाथों में शासन सौंपा है

माँ को नमन मज़हब आड़े आता है
उसको नमन नहीं करता है जिसका खाता है
रहकर भारत में दुश्मन के नग़मे गाता है
बहुमत भूखा मरे मगर वह सुविधा पाता है
देश धर्म निरपेक्ष कहाँ है केवल धोखा है

कृष्ण कन्हैया

आ जा रे नंदलाल ओरे साँवरे कन्हैया
डोल रही है आज देख ले भारत की नैया

लाज द्रौपदी की लुटती है दुःशासन के हाथों
किस्मत भी अपनी किस्मत पर अब रोती है रातों
रो रो कहती पांचाली आ जाओ मेरे भैया

दुर्योधन ने आज रोक दीं मानवता की राहें
शकुनि सरीखे आज हजारों अपने दाँव चलायें
द्वापर बीता कलयुग में भी कैद देवकी मैया

विप्र सुदामा जैसे लाखों तेरी बाट निहारें
तुम्हें छोड़कर बोल कन्हैया किसको आज पुकारें
आ जा, आ जा, आ जा कान्हा बन जा आज खिवैया

आह्वान गीत

आँख खुली लेकिन खोये हैं घर के पहरेदार
गली-गली जनता रोती है लुटे-लुटे घर-बार

मन्दिर, मस्जिद औ' गुरुद्वारे दहक रहे हैं सारे
पग-पग पर बढ़ते जाते हैं आतंकी हत्यारे
कब आएगा इस धरती पर खुशियों का त्योहार

रक्षक के बाने में देखो घूम रहे हैं भक्षक
मोर समान जिन्हें बनना था बन बैठे वे तक्षक
धर्मग्लानि निशदिन होती कब लेगा अवतार

राजनीति व्यापार बनी है या वोटों की निगती
आँसू बहते हैं जनता के कौन सुने है विनती
मजहब के साये में होता लाशों का व्यापार

इन्द्रजीत 'सुकुमार'

आत्मज : श्री खेमचन्द

जन्म स्थान : कस्बा लावड़ जिला मेरठ (उ.प्र.)

शिक्षा : एम.ए. हिन्दी, राजनीति शास्त्र, अर्थशास्त्र एवं बी.एड.।

सम्प्रति : शिक्षक, शिक्षा विभाग, दिल्ली सरकार।

सृजन : हास्य व्यंग्य, गीत-ग़ज़ल जो अनेक पत्र-पत्रिकाओं एवं समाचार-पत्रों में प्रकाशित।

सम्मान : अनेक संस्थाओं एवं मंचों द्वारा पुरस्कृत एवं सम्मानित।

शीघ्र प्रकाश्य : समय का स्पंदन (गीत संग्रह), गुनगुनी धूप (ग़ज़ल संग्रह)। अनेक कवि-सम्मेलनों एवं गोष्ठियों का आयोजन व संचालन।

पता : 10-सी/202, वसुन्धरा, गाजियाबाद (उ.प्र.)।

पहचान

यूँ ही नहीं वतन मेरा महान हो गया
सारे जहाँ में अमन की पहचान हो गया

ऐसी ज़मीं के देवता कुर्बान हो गए
मेहमान बन के आए और भगवान हो गए।
जन्नत के नजारों की ये दुकान हो गया
सारे जहाँ में अमन की पहचान हो गया।

सोने की ये चिड़िया थी आज भी महान है
कुरबानी का जज़्बा लिए हर नौजवान है।
ये सोच कर पड़ोसी पसेमान हो गया
सारे जहाँ में अमन की पहचान हो गया।

दिलकश हर एक चेहरा खूबसूरती कमाल
कहीं ऐश, सुष्मिता तो कहीं ताज बेमिसाल।
हम धर्म गुरु भी ही चर्चा आम हो गया
सारे जहाँ में अमन की पहचान हो गया।

सरोजिनी, टेरेसा और यहाँ थे लाल बाल पाल
शेखर, भगत, सुभाष की दूजी नहीं मिसाल।
अम्बेडकर सारे जहाँ की शान हो गया
सारे जहाँ में अमन की पहचान हो गया।

सानिया, मिल्खा, लिएंडर, भूपति, आनन्द
गांधी, विनोबा, मालवीय और विवेकानन्द।
इनका नहीं इनसे धरा का नाम हो गया
सारे जहाँ में अमन की पहचान हो गया।

अभिनन्दन

गर्व करें सूरज की किरणें कर अभिनन्दन
भारत माँ नित जन-गण करता तेरा वंदन।

भाँति-भाँति के रंग दिखे तेरे उपवन में
हिन्दू मुस्लिम सिक्ख ईसाई फूल चमन में।
जन-जन चहक रहा है पग में बाँधे थिरकन
गर्व करें सूरज की किरणें कर अभिनन्दन।

गांधी, गौतम बाबा अंबेडकर नूर वतन के
विस्मिल और अशफाख सितारे यहाँ गगन के।
शेखर-भगत, सुभाष देश के चंदन कुंदन
गर्व करें सूरज की किरणें कर अभिनदन।

कहीं सरिता कहीं शैल बालाएँ आतीं
वादी में कश्मीर की परियाँ नगमे गातीं।
समरसता की बेल उगाता मन स्पंदन
गर्व करें सूरज की किरणें कर अभिनन्दन।

गीता और कुरआन वतन की दो बाँहें हैं
मंजिल सबकी एक जुदा कुछ की राहें हैं।
जियो और जीने दो कहता है सबका मन
गर्व करें सूरज की किरणें कर अभिनन्दन।

कर्म यहाँ पूजा है अहिंसा कर्म रहा है
दान, दया और त्याग हमारा धर्म रहा है।
राम-कृष्ण, गौतम की धरती है नन्दनवन
गर्व करें सूरज की किरणें कर अभिनन्दन।

कभी दधीचि, बली प्रेरणा जग को देते
तुलसी, मीर, कबीर सभी का दुख हर लेते।
धन्य हुआ सुकुमार निहारे जब अपना मन
गर्व करें सूरज की किरणें कर अभिनन्दन।

उद्बोधन गीत

ऐ युवा मेरे वतन के, देश की शान बनो
सारी दुनिया में, मेरे देश की पहचान बनो।

अस्मिता देश की तुम ही से रहेगी जिन्दा
ऐसे तुम काम करो जिनसे ना हों शर्मिन्दा।
आदमी सब हैं जमाने में तुम इनसान बनो
सारी दुनिया में मेरे देश की पहचान बनो।

देश से बढ़ के कोई धर्म या ईमान नहीं
इस जमीं के बिना तेरी कोई पहचान नहीं।
दो घड़ी दिल में किसी के जरा मेहमान बनो
सारी दुनिया में मेरे देश की पहचान बनो।

अँधेरे पीने ना पाएँ कभी उजालों को
पीढ़ियाँ पूजेंगी आजादी के मतवालों को।
गांधी नेहरू की विरासत के निगेवान बनो
सारी दुनिया में मेरे देश की पहचान बनो।

तुम अगर चाहो जमाने को बदल सकते हो
ये ज़मीं क्या है सितारों पे भी चल सकते हो।
अपनी ताकत से मेरे दोस्त ना अनजान बनो
सारी दुनिया में मेरे देश की पहचान बनो।

भारत और भारती दोनों हैं अरमान तेरे
देवता स्वर्ग के हमेशा रहे मेहमान तेरे।
अपनी गलती पे कभी 'सुकुमार' ना अनजान बनो
सारी दुनिया में मेरे देश की पहचान बनो।

भारत माँ का शब्द चित्र

मेरी कोशिश भारत माँ आज
तेरा शब्द चित्र बन जाए

गिरिराज करे रखवाली जिसकी
गंगा यमुना चरण पखारे
वेदों की वाणी नित गूँजे
सूरज चन्दा रूप सँवारे
रत्नाकर चरणों में तेरे
हीरे मोती मूँगे वारे
मुझे अपने भारत पर नाज
तेरा शब्द चित्र बन जाए...

मखमल सी कोमल हरियाली
लाल गुलाबी पुष्प-लताएँ
रजनी गंधा, चम्पा जुही
खुशबू से तन मन भर जाए
वंशी की मादक धुन सुनकर
मोर, पपीहा, बुलबुल गाए
रहे क्यों दिल का सूना साज
तेरा शब्द चित्र बन जाए...

होली का हुड़दंग कुछ ऐसा
बैर भुला सब घुल-मिल जाते
दीवाली की रात सितारे
धरती पर आकर खिल जाते

ईद दशहरा गल बहियाँ हो
प्रेम-प्रीत के नगमे गाते
हमारे ऐसे रीति रिवाज
तेरा शब्द चित्र बन जाए...

पर्व जहाँ नित नूतन होते
फैलाते जो भाई चारा
सिंह वाहिनी दुर्गा पूजा
बम भोले का लगता नारा
क्रिसमस और नवरोज वैशाखी
मानवता का एक पसारा
भला मैं किसको दूँ आवाज
तेरा शब्द चित्र बन जाए...

तक्षशिला और नालन्दा ने
दुनिया को विद्वान दिए हैं
यहाँ वशिष्ठ और विश्वामित्र ने
भारत माँ को राम दिए हैं
यहाँ देवकी और यशोदा ने
नटखट घनश्याम दिए हैं
करूँ मैं सबका वंदन आज
तेरा शब्द चित्र बन जाए...

तकनीकी में मेरे देश ने
नये-नये अंजाम दिए हैं
कोणार्क अजन्ता खुजराहो संग
पुष्पक और विमान दिए हैं
आज चावला और विलियम ने
धरती और आसमान दिए हैं
उऋण हो सकता नहीं समाज
तेरा शब्द चित्र बन जाए...

ताज यहाँ मुमताज का कैसे
भारत माँ का ताज रहा है
जामा मस्जिद लाल किला तक
जय हिन्द की आवाज रहा है
वीर शिवा, राणा लक्ष्मी का
जग जाहिर अन्दाज रहा है
आज भी दिल में उनकी याद
तेरा शब्द चित्र बन जाए...

आजादी के बाद देश में
आजादी पर काम हुआ
अस्मिता पर आँच ना आई
चाहे जो अंजाम हुआ है
इन्दिरा जी राजीव तुम्हारा
भी इसमें बलिदान हुआ है
नमन सुकुमार करो तुम आज
तेरा शब्द चित्र बन जाए...

अपना घर

लौट भी आओ बहुत हो चुका
पश्चिम नहीं हमारा घर
अपना घर अपना होता है
कलुषित नहीं शिवाला कर

स्वर्ण कलश में भरी हुई है
निर्लज्जता की वो हाला
पावन मन को दूषित कर दे
अन्तर्मन भर दे ज्वाला
कल पूछेगा कोई तुम से
अर्थ में जीवन व्यर्थ न कर...

भूल गए क्यों निज भाषा को
भूल गए कर्त्तव्य-करम
भारत माँ के बेटे होकर
भूल गए अपनों का गम
भूल गए गांधी नेहरू को
भूल गए बाबा का घर...

झूठे सपनों की खातिर क्यों
माँ से नाता तोड़ रहे
अपनी अस्मिता मूल्यों को
धन की खातिर छोड़ रहे
खुदगर्जी में भारत माँ के
आँचल के टुकड़े ना कर...

दौलत के बल पर माना तू
झूठी खुशियाँ पा सकता है
माँ की लोरी और ममता का
क्या तू मोल चुका सकता है
भोगी लोभी देश में जाकर
निर्मल मन ना धूमिल कर...

भूल गए बचपन के झूले
भूल गए रिमझिम बरसात
भूल गए चटनी और रोटी
भूल गए मट्ठा और साग
धन की चाह में देश छोड़कर
अस्मिता गिरवी ना धर...

अभी वक्त है युवा देश के
प्रज्ञा धन वापस लाओ
लज्जित दूध ना हो माता का
अपने मन को समझाओ
थोड़े में खुश रहना सीखो
सन्तोषी मन अपना कर...

हमें इण्डिया नहीं चाहिए
भारत वर्ष हमें दे दो
डालर हमको नहीं चाहिए
अपना घर अपना पन दो
खुद इतना सुकुमार बनो जो
दीवारें हो जाएँ घर...

स्व. मनोहर लाल 'रत्नम्'

आत्मज : स्व. श्री रतन लाल जी सहदेव

जन्म : 14 मई, 1948, जन्म स्थान कंकर खेड़ा, मेरठ छावनी (उ.प्र.)

शिक्षा : स्नातक, विद्या कलानिधि, धर्म-रत्न व साहित्य शिरोमणि

सम्पर्क : डब्ल्यू जैड-146, ओम विहार फेस-1, उत्तम नगर, नई दिल्ली-59

विशेष : साहित्य की सभी विधाओं, कविता, लघुकथा, कहानी, व्यंग्य आदि धार्मिक रचनाओं का लेखन, पत्र-पत्रिकाओं में अनेक रचनाएँ प्रकाशित।

प्रकाशित कृतियाँ :

'जलती नारी' (कविता-संग्रह), 'जयघोष' (काव्य-संग्रह), 'गीतों की पाती' (काव्य-संग्रह), 'कुछ मैं भी कह दूँ' (काव्य-संग्रह), 'बिरादरी की नाक' (लघुकथा-संग्रह), 'ईमेल-फीमेल' (व्यंग्य-संग्रह), 'अनेकता में एकता' (बाल कहानी-संग्रह), 'जिन्दा रावण बहुत पड़े हैं' (व्यंग्य काव्य-संग्रह), 'त्याग और बलिदान' (देशभक्त वीरों की जीवनी), अन्य प्रकाशित 35 पुस्तकों, काव्य-संग्रह, कहानी-संग्रह, लघुकथा-संग्रह, व्यंग्य-संग्रह में रचनाएँ प्रकाशित।

संपादित : परमात्मा की प्राप्ति, मैंने जो पाया, समाधि, अतीत के झरोखे, कुण्डलिनी रहस्य, मृत्यु से प्रेम, अनहद्, मन की परतें।

संपादक : पुरुषोत्तम झंकार मासिक पत्रिका (प्रकाशन स्थगित)

संपादन : हास्य-व्यंग्य वार्षिक पत्रिका 'ठिठोली-1999'

स्तंभ लेखन : राष्ट्रकिंकर साप्ताहिक में रत्नम् कहिन

वीणा की झंकार भरो

कवियों की कलमों में शारदे,
वीणा की झंकार भरो।
जन-गण-मन तेरा गुण गाये,
फिर ऐसे आधार करो ॥

तेरे बेटों ने तेरी झोली में डाली हैं लाशें,
पीड़ा, करुणा और रुदन चीखों की डाली हैं साँसें।
जन-गण मंगल दायक कर आतंक मिटा दो धरती से—
दानव कितने घूम रहे हैं, फेंक रहे अपने पासे ॥

माला के मणकों में फिर से,
डमरू की हुंकार भरो।
कवियों की कलमों में शारदे,
वीणा की झंकार भरो ॥

अगरबत्तियाँ, दीप नहीं, पूजा में चढ़ती है गोली,
पान, सुपारी, ध्वजा, नारियल, माँ अब डरती है रोली।
माता शारदा के चरणों में कैसे सीस झुका पायें—
गली-गली का धर्म बँटा है, उठती है ऐसी बोली ॥

माँ वीणा की तान सुनाकर,
जन के मन में प्यार भरो।
कवियों की कलमों में शारदे,
वीणा की झंकार भरो ॥

कवियों की आँखें गीली हैं कविता नहीं सुहाती है,
सच कहने वालों के सर की, कलम बनाई जाती है।
वातावरण घिनौना है अब, डोल रहा कवियों का मन—
बम फटते हैं चौराहों पर, पीर जगाई जाती है ॥

अपने हंस को आज्ञा देकर,
ज्ञान का माँ विस्तार करो।
कवियों की कलमों में शारदे
वीणा की झंकार भरो ॥

कवि-कोविद सब आतंकित हैं, मात शारदे आ जाओ,
बुद्धि भी कुंठित लगती है, सबको धीरज दे जाओ।
'रत्नम्' तुम्हें पुकार रहा है, कवियों का भय दूर करो—
इस भारत के जन को आकर, फिर से ज्ञान सिखा जाओ ॥

अटल रहे जो सागर जैसा,
आकर ऐसा प्यार करो।
कवियों की कलमों में शारदे
वीणा की झंकार भरो ॥

मानवता का सूरज

देश का बचपन पूछ रहा है, अपने पथ प्रदर्शक से,
दशा देश की दीन हो रही, तुम बैठे बन दर्शक से।
क्या तुमने भी यौवन लूटा, रातों के अँधियारे में?
मानवता का सूरज डूबा, बोलो किस गलियारे में?

हर अंगनारा तुमने ही तो, अँधियारे में धो डाला,
धर्म नाम का जहरी पौधा, हर बस्ती में बो डाला।
केवल काली करतूतों ने, दिन को रात बना कर ही—
देश के यौवन का भी यौवन, तुमने सारा खो डाला ॥
अक्षर धाम का अक्षर-अक्षर, घायल होकर रोता है,
वैष्णो देवी की यात्रा में, अब तो हमला होता है।
आतंकी इतना बलशाली, अमर नाथ हैरान हुआ—
जम्मू में रघुनाथ का मन्दिर, अपना धीरज खोता है ॥
फिर से अगन भरी है किसने, बुझे हुए अंगारे में?
मानवता का सूरज डूबा, बोलो किस गलियारे में?

लाल किला भी चीख-चीख कर अपने घाव दिखाता है,
भारत का संसद भी हाय, अब घायल हो जाता है।
नेताओं को पेट की चिन्ता, देश की चिन्ता भूल गये—
भारत में ही देश पड़ोसी, घुसपैठी भिजवाता है ॥
अब विधान की लगी सभा, चम्बल की घाटी लगती है,
भारत के अब हर प्रदेश के, मुख पर कालिख चढ़ती है।
नेताओं का गया आचरण, बस कुर्सी से प्यार हुआ—
चप्पल-घूसों लातों से तो, देश की संसद डरती है ॥
इतना साहस भरा है किसने, सहमे से बनजारे में?
मानवता का सूरज डूबा, बोलो किस गलियारे में?

यौवन आज नशेड़ी बनकर, भटक गया है गलियों में
माली की भी नजर करारी, अटक गई है कलियों में।
वातावरण विषैला सारा, और घिनौना खेल यहाँ–
बची-खुची जो है तरुणाई, वह खोई रंगरलियों में ॥
राजसभा की एक द्रौपदी, अब थाने में रोती है,
वर्दी न्याय नहीं देती, नारी भी धीरज खोती है।
पाँच वर्ष की कन्या से अब, पाप कर्म होता रहता–
अपराधी की मौज यहाँ पर, रोज रात को होती है ॥
देश भक्त जाकर सोये क्या, देखो अब किनारे में?
मानवता का सूरज डूबा, बोलो किस गलियारे में?

देश का बचपन जाग गया है, वह हर पथ बनवा लेगा,
वह गलियारा भी खोजेगा, सूरज नया उगा लेगा।
पथ प्रदर्शक खड़े, खड़े ही, केवल इतना सुन लेना–
एक ओर सब हो जाओ फिर, वह इतिहास रचा लेगा।
हल्दी घाटी वाला पौरुष, इनको कुछ समझाएगा।
लाल किला दिल्ली वाला भी, कुछ तो यहाँ बताएगा।
झाँसी, कालपी और ग्वालियर से, यह कुछ तो पाएँगे–
जो इतिहास रचेगा नूतन, वह ही चलकर आएगा ॥
पूछ रहा है 'रत्नम्' फिर से, रातों के रतनारे में?
मानवता का सूरज डूबा, बोलो किस गलियारे में?

खतरा है

देशवासियो सुनो देश को,
आज भयंकर खतरा है।
जितना बाहर से खतरा,
उतना भीतर से खतरा है॥

सर पर खतरा चीन से है, लंका से खतरा पैरों में,
अपने भाई दीख रहे हैं, जो बैठे हत्यारों में।
इधर पाक से खतरा है तो, इधर बंग से खतरा है,
निर्भय होकर जो उठती सागर तरंग से खतरा है।
माँ के आँचल को खतरा, दुल्हन के घूँघट को खतरा,
खतरे में पायल की छम-छम, लाज के है पट को खतरा।
बिछुए को भी खतरा है, तो मेहंदी भरती सिसकारी,
भाई-बहन के प्यार की रक्षक, राखी पर है चिनगारी।

प्यार के रिश्ते सब खतरे में,
बदकारों से खतरा है,
देशवासियो सुनो देश को,
आज भयंकर खतरा है॥

आजादी को खतरा देश के जहरीले इन शूलों से,
अपने हाथों हमने बोये, देखो आज बबूलों से।
उनके हाथों में लहराती देखो आज कटारों से,
जो गर्दन पर लटक रही हैं, खतरा है तलवारों से।
मन्दिर को भी खतरा है, तो गुरुद्वारों को खतरा है,
मस्जिद, गिरजा के अब तो हर अंगनारों को खतरा है।

काशी-काबा को खतरा, तो खतरा आज देवालय को,
हरिद्वार को खतरा है तो, खतरा आज हिमालय को।

काश्मीर में आग लगी है,
बटमारों से खतरा है,
देशवासियो सुनो देश को,
आज भयंकर खतरा है॥

मानसिंह की बस्ती को भी, जयचन्दों से खतरा है,
माथे पर जो तिलक लगाते, इन बन्दों से खतरा है।
हैं खतरे के बोल दिवाने, पूजा और अजानों में,
खतरा मानो है सच जानो, खामोशी श्मशानों में।
नाश-नाश के क्रम से पीड़ित, आज और कल को खतरा है,
मौन साध कर बैठा है जो, पाण्डव दल को खतरा है।
देश मेरे को खतरा देश में उठते हुए सवालों से,
सच कहता हूँ देश को खतरा, देश को आज दलालों से।

रात-रात भर हम जागे अब,
रखवारों से खतरा है।
देशवासियो सुनो देश को,
आज भयंकर खतरा है॥

घर-घर में उठते भैया, अब हर तनाव से खतरा है,
यमुना के पानी को सुन लो, अब चिनाव से खतरा है।
मैली गंगा को खतरा, खतरा सरयू के पानी को,
हम चुल्लू में डूब मरें, फिर आग लगे मर्दानी को।
कितने विषधर फल फैलाये, आज देश को डसते हैं,
ऐसा लगता देश में जैसे, सब मुर्दे ही बसते हैं।
खतरों की इस झंझा से तो छलनी अपना भेष हुआ,
बोलो 'रत्नम्' कुछ तो बोलो, आज अपाहिज देश हुआ।

दिल का खतरा देश हुआ,
अब रखवारों से खतरा है।
देशवासियो सुनो देश को,
आज भयंकर खतरा है॥

हिन्दुस्तान के लिए

कहीं हिन्दू सिख मुसलमान के लिए,
कहीं चोटी और कहीं कृपान के लिए।
दंगों से तो देखा मेरा देश जल रहा–
भैया कुछ तो सोचो हिन्दुस्तान के लिए ॥

चिराग घर के घर के ही जला रहे यहाँ,
मदारी अपनी डफलियाँ बजा रहे यहाँ।
द्वेष वाली भावना के विष को घोल के–
देश की अखण्डता वो खा रहे यहाँ ॥
भाषा-भाषी झगड़े जुबान के लिए,
कहीं धर्म, या तीर्थ स्थान के लिए।
दंगों से तो देखो मेरा देश जल रहा ॥
भैया कुछ तो सोचो हिन्दुस्तान के लिए ॥

अवध के द्वारे पे उछाला पड़ा है,
मथुरा की भूमि पे भी ताला पड़ा है।
काश्मीर में भी कैसी आग जल रही–
कन्या कुमारी का मुँह काला पड़ा है ॥
दंगे क्यों हैं प्रार्थना अजान के लिए,
बुन बने हम सब दुकान के लिए।
दंगों से तो देखो मेरा देश जल रहा ॥
भैया कुछ तो सोचो हिन्दुस्तान के लिए ॥

हल्दी घाटी से राणा की आह रोयी है,
झाँसी वाली रानी की भी राह रोयी है।
शिवाजी मराठा भी हैं रो रहे खड़े—
भगत वाली फाँसी की कराह रोयी है ॥
बँटवारे के उठ रहे तूफान के लिए,
अपनी तो अलग सी पहचान के लिए।
दंगों से तो देखो मेरा देश जल रहा ॥
भैया कुछ तो सोचो हिन्दुस्तान के लिए ॥

बहादुर मेरे देश के वो लाल कहाँ हैं,
आजादी की जलती मशाल कहाँ हैं?
कहाँ हैं जवानियाँ जो देश पर मिटें?
भैरो-रुद्र और महाकाल कहाँ हैं ॥
आओ 'रत्नम्' फिर से बलिदान के लिए,
ध्वजा, देश, देश के विधान के लिए।
दंगों से तो देखो मेरा देश जल रहा ॥
भैया कुछ तो सोचो हिन्दुस्तान के लिए ॥

केवल गाता रहा भगत सिंह

आज मेरे भारत को फिर से, भगत सिंह सरदार चाहिए।
राज गुरु-सुखदेव का साथी, वीर असर-दार चाहिए ॥

अर्जुन के कुल का दीपक वह, किशन सिंह की आँख का तारा,
विद्यावती की गोद में खेला, भारत माँ का राज दुलारा ॥
नाम भगत सिंह, भक्त हो गया, आजादी का वह दीवाना–
अपने सभी साथियों में वह, भारत सिंह था सबका प्यारा ॥
देश प्रेम सबके मन उपजे, अब ऐसा विस्तार चाहिए।
आज मेरे भारत को फिर से, भगत सिंह सरदार चाहिए ॥

लाला जी की पीठ पे लाठी, जब अंग्रेजों ने तोड़ी थी,
भगत सिंह ने अपनी करनी में भी कसर नहीं छोड़ी थी।
लाला की हत्या का बदला, सांडस को था लिया मार कर–
एक अकेले वीर भगत ने, आजादी की राह जोड़ी थी ॥
उसी राह पर चलकर आये, युवकों का अम्बार चाहिए।
आज मेरे भारत को फिर से, भगत सिंह सरदार चाहिए ॥

आजादी के हवन कुण्ड में, वह दीवाना कूद पड़ा है,
बम फेंका था, सीना ताने, परिषद् में वह स्वयं खड़ा है।
रंग दे वसंती चोला मेरा, केवल गाता रहा भगत सिंह–
एक बार इस देश पे मरना, सौ जन्मों से बहुत बड़ा है ॥
धर्म-देश जाति की रक्षा, कर दे, नया विचार चाहिए।
आज मेरे भारत को फिर से, भगत सिंह सरदार चाहिए ॥

देश की खातिर जो मिटता है, अमर वीर वह हो जाता है,
एक भगत मेरे भारत का, फाँसी पर भी चढ़ जाता है।
वीरों की जननि को 'रत्नम्' पूजा करते हैं श्रद्धा से—
देश प्रेम के आगे जीवन, छोटा सा ही हो जाता है ॥
राष्ट्र-ध्वज विधान को फिर से, ऐसी ही हुंकार चाहिए।
आज मेरे भारत को फिर से, भगत सिंह सरदार चाहिए ॥

श्रवण राही

जन्म : 6 जनवरी, 1945
सोरों (शूकर क्षेत्र), एटा (उ.प्र.)

शिक्षा : स्नातकोत्तर

सम्प्राप्ति : अध्यक्ष 'सुमंगलम्' साहित्यिक मंच, सह सम्पादक 'राष्ट्रीय निलयम' व 'मानसी' पत्रिका, 'राष्ट्रीय सहारा' समाचार-पत्र में 'कला समीक्षक' का कार्य किया, आकाशवाणी के सर्वभाषा कवि सम्मेलन में तेलुगु भाषा के अनुवादक कवि-1991
अनेक अखिल भारतीय संस्थाओं से सम्मानित, 'विद्या वाचस्पति', 'साहित्य श्री', 'राष्ट्रकिंकर', 'महेश नारायण सम्मान' आदि से अलंकृत।

लेखन : गीत, ग़ज़ल, बालगीत, लघुकथा, समीक्षा आदि।
सीरियल 'उलझा हुआ कथानक' में गीत-1990

काव्य-संग्रह : डाल-डाल—पात-पात, आस्थाओं के पथ।
अखिल भारतीय कवि-सम्मेलनों में जाना-माना नाम।

सम्पर्क : 'घरौंदा' सी/14बी, गली-6, राजापुरी, उत्तम नगर, नई दिल्ली-59

सृजन-सिपाही

लेखनी में रक्त की भर सुर्ख स्याही
काल-पथ पर भी सृजन के हम सिपाही,
तप्त अधरों पर मिलन की प्यास लिखते हैं
हम धरा की देह पर आकाश लिखते हैं

शब्द भावों से भरे हैं चुक नहीं सकते
क्रूर झंझावात में पग रुक नहीं सकते
देश हित उत्सर्ग अपने प्राण कर देंगे—
मौत के आगे कभी हम झुक नहीं सकते

त्याग-तप-सौहार्द का अमृत दिलाकर
विश्व में बन्धुत्व की कलियाँ खिलाकर
क्रूर पतझर पर मधुर मधुमास लिखते हैं
हम धरा की देह पर आकाश लिखते हैं

हम उतर जाते हैं गहरे सिन्धु के जल में
हम सुमन सुख के उगाते हैं मरुस्थल में
शक्ति से अधिकार अपने छीन लेते हैं—
आ नहीं सकते किसी धृतराष्ट्र के छल में

कर्म के कुरुक्षेत्र में उतरे हैं सजकर
ले विजय संकल्प तन मन मोह तजकर
तीर पर गाण्डीव का विश्वास लिखते हैं
हम धरा की देह पर आकाश लिखते हैं

शौर्य-गीत

शत्रु सीना तान सीमा पर खड़ा है
और अब इस पार भी संकट बड़ा है
गीत अब श्रृंगार के कैसे लिखें हम
मीत अब खत प्यार के कैसे लिखें हम

शान्ति का सन्देश मन में संग समूचा गाँव लेकर
धूप से लड़ने चले थे, आँजुरी भर छाँव लेकर
भर दिये अंगार मन में मित्रता के नाम पर फिर—
लौट आये हैं क्षितिज से डगमगाते पाँव लेकर

दर्द अब सूरज मुखी होने लगा है
लेखनी का मन दुखी होने लगा है
गीत अब मनुहार के कैसे लिखें हम
मीत अब खत प्यार के कैसे लिखें हम

जो सरल सीधी डगर थी कंटकों ने आज मोही
देश भक्तों का अनादर कर रहे हैं देशद्रोही
बदचलन मौसम हुआ और हो गईं मुखबिर हवाएँ
और कब तक तू चलेगा शान्ति-पथ पर रे बटोही

काँपती लहरें हुआ तूफ़ान बर्बर
हो गई फिर एकता की नाव जर्जर
गीत अब पतवार के कैसे लिखें हम
मीत अब खत प्यार के कैसे लिखें हम

श्रम-गीत

पतझर के मौसम में भी हम, गाते हैं गीत बहारों के
हम भँवर बीच भी तैर रहे, डूबे हैं लोग किनारों के

हम भाग्य भरोसे नहीं रहे हमने तकदीरें बदली हैं
श्रम-साहस-संयम के बल पर हाथों की लकीरें बदली हैं
बाँहों के बल हम सिन्धु तरे मोहताज नहीं पतवारों के

आँधियाँ बुझाएँ दीप मगर पग बढ़ें चीर तम का सीना
भारत माता की रक्षा हित स्वीकार हमें हर विष पीना
कंटकों भरी हो राह मगर पग रुकें नहीं बंजारों के

कितनी मुँहज़ोर हवाओं का रुख हमने कई बार मोड़ा
पर शांतिदूत कहलाने का पथ हमने कभी नहीं छोड़ा
शबनम के सम शीतल हैं हम हैं मीत मगर अंगारों के

हमारा वतन

दोस्तो ये हमारा वतन,
सारी दुनिया से न्यारा वतन,
जान भी इसपे कुर्बान है–
जान से भी है प्यारा वतन

गंगा की लहरें यमुना का पानी
है इस वतन की चढ़ती जवानी
सदियों से कहता रहा है हिमालय
इसके शहीदों की अनुपम कहानी
गंगा के जल से, हिमगिरि के बल से
सींचा है ये चमन

मीरा का मन्दिर ये राधा का घर है
सीता सावित्री की धरती अमर है
जौहर की ज्वाला है ये पद्मिनी की
झाँसी की रानी का ये ही समर है
सतियों के सत से मुनियों के मत से
सींचा है ये चमन

गांधी का गौरव नेहरू की महिमा
शास्त्री का साहस भाभा की गरिमा
ऊधम, भगतसिंह, बोस, चन्द्रशेखर–
राणा-शिवाजी का दिल इसपे कुर्बां
मोहन ने मन से, गौतम ने तन से
सींचा है ये चमन

सीमा-प्रहरी

मेरे सपने सखी सुनहरी
मेरा पति सीमा का प्रहरी

उसके मन में धधक रही है देश प्रेम की आग सखी री
सीमाओं पर लड़ता होगा मेरा अमर सुहाग सखी री

सुन री सखी वतन के दुश्मन सीमाओं से झाँक रहे हैं
बारूदी सायों को अन्दर चुपके-चुपके हाँक रहे हैं
कैसे अमल करेगा कोई उनके झूठे प्रस्तावों पर—
काग़ज़ पर पिछले समझौते अब तक माटी फाँक रहे हैं
इन पर क्या विश्वास करेंगे ये ज़हरीले नाग सखी री...

पिछली बार सखी सीमा पर दुश्मन ने की बड़ी तबाही
द्रास-कारगिल-तूप-बटालिक जिसकी सब दे रहे गवाही
पर भारत के सुभट लाडले दुश्मन की तोपों के आगे—
निज हाथों में लिये तिरंगा रहे जूझते वीर सिपाही
लड़े समर रणवीर बाँकुरे प्राणों का भय त्याग सखी री...

लहराता-इठलाता होगा गीत वतन के गाता होगा
आज़ादी के परवानों पर श्रद्धा-सुमन चढ़ाता होगा
कई रोज़ से सखि थम-थम के कंगना खनके बिंदिया चमके—
लगता है घर छुट्टी लेकर मेरा सिपहिया आता होगा
आज सुबह से ही मुंडेर पर पुनि-पुनि बोले काग सखी री...

पूनम गुजरानी

जन्म तिथि : 17 फरवरी, 1970
जन्म स्थान : डूँगरगढ़
कार्य-स्थल : सूरत
भाषा ज्ञान : हिन्दी व गुजराती
व्यवसाय : स्वतंत्र पत्रकार
मान सम्मान : सर्वोत्तम कहानी लेखन पुरस्कार (गुजरात)
उत्तर प्रदेश साहित्यकार परिषद से सम्मान
प्रकाशन : मझधार (काव्य)
सम्पर्क : 9ए, मेघ श्रमण अपार्टमेंट न.1, सिटी लाइट, सूरत

आराध्य आदमी

मेरा है आराध्य आदमी पूजा करूँ ईमान की
हर सच्चे मानव में दिखती मुझको मूरत राम की।

शूल-फूल हैं दोनों संगी
मुझको नहीं स्वर्ग प्यारा
बोल किसे मैं कहूँ पराया
मेरा घर भारत सारा
शब्द मेरे लिख रहे कहानी धरती के अभिमान की
हर सच्चे मानव में दिखती मुझको मूरत राम की।

प्रीत लुटाऊँ गान मैं गाऊँ
मानवता का सुर तान ले
अमर तिरंगे को लहराऊँ
गौरवमय अभिमान ले
जंग लगी जंजीरें हैं ये जाति धर्म के गान की
हर सच्चे मानव में दिखती मुझको मूरत राम की।

मानवता के मन्दिर में
झुक जाते देवों के शीष
कर्मठ काँधों को मिलती है
बिन माँगे अमर आशीष
उठ जा प्यारे कसम तुम्हें है सूर्यवंशी पहचान की
हर सच्चे मानव में दिखती मुझको मूरत राम की।

गांधी महीतल पर आओ

एक बार अवतार धार कर गांधी महीतल पर आओ
अहिंसा से दो त्राण जगत को सतत अमृत बरसाओ।

जाति-धर्म के झगड़ों में तुमको मानव भूल गया
क्षीण हुई है समता-ममता मिट्टी में मिल गई हया दया।
लगा सत्य की पाठशाला फिर तुम जीना सिखलाओ
अहिंसा से दो त्राण जगत को सतत अमृत बरसाओ।

अणु बमों की विभीषिका से सारा जग आक्रान्त हुआ
प्रज्ञा पर लग गए हैं ताले प्रेम भी एक जुआ हुआ।
उजड़ी भारत की बगिया को नंदन वन सा सरसाओ
अहिंसा से दो त्राण जगत को सतत अमृत बरसाओ।

स्वर्ण युग लाना है फिर से एक बार आह्वान करो
जंजीरें तोड़ो इस युग की प्रेम का फिर संज्ञान करो।
पीड़ित-शोषित दुनिया को समाधान कर बतलाओ
अहिंसा से दो त्राण जगत को सतत अमृत बरसाओ।

मेरा वतन

कलियों की बस्ती में जैसे चमन है
मेरा वतन ऐसा मेरा वतन है।
मिट्टी से उसकी मैं तिलक करूँगी
शत-शत कोटि हाँ उसको नमन है।
मेरा वतन ऐसा मेरा वतन है।

अलौकिक है धरती ये ऐसी हमारी
स्वर्ग से भी जिसको न तोला गया है
मानवता जिसकी यहाँ भूल धारा
अहिंसा का मंत्र ये बोला गया है
बुद्ध और महावीर उसके नयन हैं
मेरा वतन ऐसा मेरा वतन है।

भाषाएँ होंगी अलग तो हुआ क्या
संवेदना के सुर तो मिले हैं
संस्कृति लाखों वर्ष की हमारी
प्रीत के पग-पग पर उपवन खिले हैं
गांधी का कोई निराला सपन है
मेरा वतन ऐसा मेरा वतन है।

स्वीकार नहीं कायरता

संघर्षों के सिलसिले तो
जीवन भर चलते रहेंगे
मुस्कानों की परिभाषा ले
दर्द निर्मोही सहेंगे
आदर्शों की दुनिया में, मैं खुद ही अपना कर्ता
स्वीकार नहीं मुझको कायरता।

बिगुल बजाया है शब्दों से
अर्थ बने हैं तारनहार
इन अर्थों को बेच मुझे
कब करना आया व्यापार
जागरूक मेरे शब्दों में, सदा ही साहस रंग भरता
स्वीकार नहीं मुझको कायरता।

गौरव से भी उजला जिसको
भारत का ये भाल मिला
केसरिया रंग है बहादुरी का
धवल शांति का फूल खिला
हरा रहता अविराम यहाँ पर, चक्र जोश है भरता
स्वीकार नहीं मुझको कायरता।

विश्वास हमारा सपन फलेगा
श्रम से ही मधुमास खिलेगा
रग-रग में पौरुष पलेगा
विजय पताका ले निकलेगा
पूरब का सूरज ही तो, तिमिर जगत को हरता
स्वीकार नहीं मुझको कायरता।

जवानी साथ चले

जब तक जीओ जवानी जवानी साथ चले।

घिरते रहे तूफान निरन्तर
मिटे नहीं अन्तर की आशा
मैं सागर बीच खड़ी अकेली
फिर भी मन प्यासे का प्यासा
तेरे पौरुष से धरती पर मुक्ता मणि से धान फले
जब तक जीओ जवान, जवानी साथ चले।

समय बदलता है तो बदले
किन्तु नहीं बदले तेरे प्रण
तुझे पुकारे वसुंधरा नित
चुका दे ममता के सारे ऋण
आँख रखना सूर्य पर ना दिवस कोई अब ढले
जब तक जीओ जवान, जवानी साथ चले।

बढ़ते चरण बदल डालेंगे
समय के सारे मापदंड
कर्म बनेगा मित्र तुम्हारा
आलस्य होगा खंड-खंड
राजपथ की नहीं जरूरत पगडंडियों पर बढ़े चले
जब तक जीओ जवान, जवानी साथ चले।

देश हमारा

देश हमारा हिन्दुस्तान हम सब हैं इसकी जान
माटी के इस तन को यारो माटी पर कर दें कुर्बान।

जैन, बौद्ध हों चाहे वैष्णव
जाट, क्षत्रिय, सिख सारे
धरती माँ के लाल लाडले
एक-एक से बढ़कर प्यारे
गांधी की गौरव गाथा का हमको रखना होगा मान।
माटी के इस तन को यारो माटी पर कर दें कुर्बान।

घर के भेदी कुछ ऐसे हैं
तोड़ रहे घर की दीवारें
जख्मी भारत माता रोती
शौर्य तुम्हारा फिर ललकारे
हमको तो प्राणों से प्यारा भारत का सम्मान।
माटी के इस तन को यारो माटी पर कर दें कुर्बान।

पहन तिरंगे की वर्दी अब
शपथ उठानी है हमको
नीलाम होती है नैतिकता की
लाज बचानी है हमको
कितने भी लंकेश्वर आए खड़े सीमा पर सीना तान।
माटी के इस तन को यारो माटी पर कर दें कुर्बान।

सूर्यवंश के वंशज हैं हम
मशाल हाथों में रखते हैं
कोरी कहने की बात नहीं
हम कहते हैं वो करते हैं
सृष्टि का कण-कण पहचानेगा भारत की पहचान।
माटी के इस तन को यारो माटी पर कर दें कुर्बान।

नई सोच की पौध

आप सूरज के वंशज हैं उठ जाइए
बदल तेवर जहाँ को भी दिखलाइए।

सल्तनत की जुबां पर ना पहरा रहे
हो शिकायत तो उसको भी दोहराइए।

ये भी ज़ायज़ नहीं नासमझ बने रहो
खेल जोख़िम का खेला ना शरमाइए।

आसमानी उड़ानें तो देंगी दगा
अब जमीं की हकीकत समझ जाइए।

ना कदम डगमगाना कहीं पर कभी
लौटकर नौनिहालो है घर आइए।

शायरी गुल बदन का करिश्मा नहीं
एक नई सोच की पौध लहराइए।

हाथ में है कलम तो कसम खाइए
कौम की अब तो किस्मत बदल जाइए।

आखिरी आरज़ू

इस धरा को नमन आसमां को नमन
खुशबुओं से भरी है हमारी पवन।

झूठ फलता नहीं इस मिट्टी में कभी
साँच की आँच का है यहाँ पर चलन।

आदमी-आदमी जब मिले प्यार से
झुक ही जाता है सजदे में कुछ ये गगन।

प्रीत का है चलन कुछ अनोखा यहाँ
माँगते हैं सभी मन में मन का मिलन।

लाख करते हैं जिसके लिए हम जतन
देश खातिर गले ये है माटी का तन।

आरज़ू आखिरी ये ही 'पूनम' की है
हर सदी में हो मेरा यहीं पर जनम।

हीरालाल 'सुमन'

जन्म : जुलाई 1947

काव्य साधना अवधि : 31 वर्ष

काव्य यात्रा : सम्पूर्ण भारत के अ.भा. कवि सम्मेलनीय मंचों पर काव्य पाठ व मंच संचालन

काव्य प्रकाशन : 'चेतना के स्वर' (काव्य संकलन), 'सुमनांजलि' (काव्य संकलन), 'समता सुमन' (काव्य संकलन), 'वीरांगना झलकारी बाई' (लोक नाट्य)।

ऑडियो कैसेट : ब्रज काव्य, ब्रज बयार, वीरांगना झलकारी बाई, कवि और कविता (कविता)

सम्पर्क : जनवादी कवि हीरालाल 'सुमन', मु. बेलनशाह, हाथरस (उ.प्र.)

मन में उमंग

रसना में रस होय, मन में उमंग।
प्रीत रीत नीति की बहाएँ, नित गंग ॥

हिलमिल रहें कोई, करे न दुराव।
भव्य भावना में नहीं, पनपे कुभाव ॥
भाई-भाई से हो नित भाई का लगाव।
सबके सुधर जाएँ, सबही स्वभाव ॥

मन-मन हरसावें मनुहारी ढंग॥
प्रीत रीत नीति की बहाएँ नित गंग ॥

निदिया निगोरी तज, जग जाएँगे।
दुर्दिन अपने तो, भग जाएँगे ॥
प्रगति की ओर हर, पग जाएँगे।
श्रम रूपी साधना में, लग जाएँगे ॥

उर में समाये नित नूतन उमंग ॥
प्रीत रीत नीति की बहाएँ नित गंग ॥

अपनी धरा पर दुःख, रहे न कोई।
अत्याचार कहीं अब, सहे न कोई ॥
रस में विषैले बोल, कहे न कोई।
नीति में अनीत हवा, बहे न कोई ॥

तजके कुमति हिये बसे सत्संग॥
प्रीत रीत नीति की, बहाएँ नित गंग ॥

चारों ओर देश में, खुशहाली होय।
खेत खलिहान में तो, हरियाली होय ॥
बगिया हमारी में तो, अच्छा माली होय।
राष्ट्र एकता में बजे, ऐसी ताली होय ॥

'सुमन' सुधर सुचि, अब अंग अंग ॥
प्रीत रीत नीति की, बहाएँ नित गंग ॥

देश अखण्ड हमारौ

देश अखण्ड हमारौ, हमै तौ प्राणन से प्यारौ जी।
सब जब से जे न्यारौ, हमै तौ प्राणन से प्यारौ जी ॥

यह केशर कश्मीरी चंदन।
करत देवता याकौ बंदन ॥
रिमिझिम मेहा बारौ, हमै तौ प्राणन से प्यारौ जी ॥
देश अखण्ड हमारौ, हमै तौ प्राणन से प्यारौ जी ॥

तुलसी सूर श्याम और मीरा।
यहीं पर जन्मे दास कबीरा ॥
भक्तन कौ रखवारौ, हमै तौ प्राणन से प्यारौ जी ॥
देश अखण्ड हमारौ, हमै तौ प्राणन से प्यारौ जी ॥

सिन्धु सरस्वती यमुना गंगा।
लहर-लहर लहराय तिरंगा ॥
जन गण मन हितकारौ, हमै तो प्राणन से प्यारौ जी ॥
देश अखण्ड हमारौ, हमै तौ प्राणन से प्यारौ जी ॥

आऔ हम सब मिल कर गामें।
या भारत कूँ शीस नवामें ॥
'सुमन' सुधर्म सुधारौ, हमै तौ प्राणन से प्यारौ जी ॥
देश अखण्ड हमारौ, हमै तौ प्राणन से प्यारौ जी ॥

खाते क़सम

अपने वतन की हम तो, खाते क़सम।
तिरंगा न झुकने देंगे, जब तक है दम॥

वीरौं के द्वारा हमने आजादी पाई।
प्राणौं की बाजी जिनने हँस हँस लगाई ॥

फाँसी पै चढ़ गये वो तो, किया नहीं ग़म ॥
अपने वतन की हम तो, खाते क़सम ॥

अमर नाम करने वाले, नहीं वीर मरते।
सभी लोग दिल से उनको, नमस्कार करते ॥

भारत की महिमा में जो, बढ़ाते कदम ॥
अपने वतन की हम तो, खाते क़सम॥

अब तो हमारे घर, कोई लुटेरा न होगा।
काला कलंकित वाला, सवेरा न होगा।

नया भोर होगा अब तो, मिटा देंगे तम ॥
अपने वतन की हम तो, खाते क़सम॥

उठो देश अब तो 'सुमन' खिला दो।
अपनी धरा को सोना-चाँदी बना दो ॥

राष्ट्र वंदना की अब तो, निभा दें रसम ॥
अपने वतन की हम तो खाते क़सम ॥

मेरा अमर को प्रणाम

मेरा अमर शहीदों को, प्रणाम साथियो।
बार-बार उन्हें करता, सलाम साथियो॥

ऊँची-ऊँची चोटियों पर चढ़ते चले गये।
बैरियों को ललकार, बढ़ते चले गये ॥

भारी युद्ध में लड़े सीना ताने परन्तु।
गोली खाके भारत के काम साथियो ॥
मेरा अमर शहीदों को, प्रणाम साथियो ॥

माता ने कहा था बेटे दूध न लजाना तू।
भाई ने कहा था भइया पीठ न दिखाना तू ॥

बहना ने किया तिलक, पत्नी आरती उतार।
देती सौगन्ध सिन्दूर की, तमाम साथियो ॥
मेरा अमर शहीदों को, प्रणाम साथियो ॥

लाड़ले लढ़ैते लाल, काल से डरे नहीं।
बलिदानियों ने पाँव पीछे को धरे नहीं ॥

आन मान हेतु जान देके, स्वाभिमानी बन।
गये राष्ट्र सेवकों के, मुक्ती धाम साथियो ॥
मेरा अमर शहीदों को, प्रणाम साथियो ॥

महक उठे क्यारी-क्यारी

फूले फले फुलवारी में बगिया हमारी।
महक उठे क्यारी-क्यारी॥

रसवंती रसधार बहै नित।
कोयल मीठे बोल कहै नित ॥

गामें मंगल चारी॥
महक उठे क्यारी-क्यारी ॥

नेह निमंत्रण की परिभाषा।
पूरण होंगी सबकी आशा ॥

दुःखी रहें न नर-नारी ॥
महक उठे क्यारी-क्यारी ॥

असल नसल की फसल उगावें।
अपना भारत स्वर्ग बनावें ॥

गावें मंगल चारी॥
महक उठे क्यारी-क्यारी ॥

श्रम स्वरूप सब चादर तानें।
दूर गरीबी करके मानें ॥

'सुमन' सहे न लाचारी॥
महक उठे क्यारी-क्यारी ॥

□□